Todo acerca de las casas

por Helen Gregory

Tabla de contenidos

Consultora:
Adria F. Klein, Ph.D.
California State University, San Bernardino

capstone classroom
Heinemann Raintree • Red Brick Learning
division of Capstone

¿Qué es una casa?

Una casa es el lugar donde vivimos. Aquí sentimos que estamos seguros con nuestra familia.

Una casa es adonde vamos al final del día. Allí comemos y dormimos.

Una casa nos da protección. En las casas no entran la lluvia ni la nieve. En ellas estamos abrigados.

Las casas no son todas iguales. Las personas construyen casas que son buenas según el lugar donde viven.

Construcción de casas

Hay muchas clases de casas. Las personas construyen las casas con los materiales que tienen.

Esta casa está hecha de palos y lodo.
Ellos hacen que la casa sea sólida.

Esta casa está hecha de madera.
La madera dura mucho tiempo.

Esta casa está hecha de arcilla del desierto. La arcilla mantiene fresca la casa bajo el sol ardiente.

Esta casa tiene el techo de paja. La paja está tejida muy apretada para que la lluvia no pase.

Este edificio de departamentos tiene muchos hogares adentro. En el edificio viven muchas familias.

Casas móvibles

Algunas personas se mudan de un lugar a otro. Ellos se llevan sus casas sencillas con ellos.

Hacen casas que pueden armarse y desarmarse fácilmente.

Algunas casas flotan en ríos y lagos.

Otras casas se mueven sobre ruedas.
Se llaman casas rodantes.

Las personas viven en toda clase de casas.
¿En qué clase de casa vives?